SIN

SIN - Geli Barberá

primera edición © otoño 2024 Geli Barberá

Corrector © Joan Gimeno Conesa
Edición © Edicions FORMENT
www.edicions.forment.net

ISBN 978-84-19953-3-53
Depósito legal B 14137-2024

Este libro ha sido producido con papel de fuentes sostenibles certificadas
Printed in Catalonia

Dos soliloquios
teatrales

SIN

Geli Barberá Lainez

Vivimos dos veces,
la segunda, después de darnos cuenta
que no hemos vivido la primera.

SENSE RETORN

Monòleg teatral de 25'

A Xavi, el meu.

ACTE I

Avui

Déjate llevar,
en esta carretera
de líneas angostas,
de suaves horizontes
y lomos dóciles.

Abans tenia una raó de més per viatjar cap al sud.

Déjate llevar,
a mi lado,
mientras sorteo
las curvas
en un intento por manejarlas
sin brusquedad.

Condueixo per l'autopista del Mediterrani amb menys freqüència que abans.

No sé quantíssimes vegades he fet Barcelona-València / València-Barcelona: l'autopista, les vinyes del Penedès, l'autovia, el vent del Delta de l'Ebre, la Serralada del Montsià, després les carreteres comarcals, la CV10 em porta als camps de secà de Castelló, allà on els ametllers guarneixen de blanc el paisatge al mes de març. Què farà? Trenta anys que faig aquest itinerari?

Me gusta conducir, sentir la carretera, cambiar de marchas y oír el rugido del motor. Encuentro un coche. ¿Lo adelanto? ¿Tendré tiempo? ¿y si no tengo tiempo? Me relajo en el volante y me ensimismo. Me atrae cerrar los ojos, aunque sea unos segundos... El vacío, la ventana, el cuello, cerrar los ojos, dejarme llevar, el vértigo, la ventana.

Em vaig apropant a la Vall d'Uixó. I em passa pel cap aturar-me al poble. Picar la porta i abraçar els teus pares.

Les visites se'm feien insuportables, saps? Baixàvem del cotxe els meus fills petits i jo, i els pares se'm penjaven al coll desconsoladament i ploràvem els tres. Els meus fills no m'han vist plorar gaire i amb gran desconcert em demanàvem la raó d'aquest precipici de sentiments.

Intenta preguntarte en voz alta por qué no te han visto llorar tus hijos. ¿Y tú, te has visto llorar? ¿Cómo son tus momentos de llorar? ¿Lloras en silencio?

Vaig decidir espaiar en el temps les visites. Fins que un dia els hi vaig dir per telèfon que no volia llàgrimes mai més. Mai més, mai... mai.

Avui dissabte visito a l'Encarna i al Paco, els teus pares, ja saps, i mengem tots plegats, ja saps; amb els meus fills, ja saps, amb el teu germà i la seva dona, ja saps, i els teus nebots com ja saps, una paella a la teva salut.

Quina ironia! O no, perquè el cas és que menjar avui, a la teva salut, sap d'una altra manera, el sabor no és el mateix, tot és més insípid, no hi ha color ni humor. Sense tu, les converses no tenen caliu. No.

Xerrem i ens posem al dia dels petits i gloriosos esdeveniments. De vegades, hi ha un silenci a la taula. És la teva ànima que ens vigila...

Saps el que trobo a faltar? Trobo a faltar el tractament de vostè que feies als pares: "Pare, per què no calla? Nooo. Que no sap..., que no, redeu! Això que està dient va ser abans. Diu unes tonteries... Si jo encara ni havia començat la universitat! Vostè no sap el que està dient. Collons!", "*Xa* no, mare! Mare, ja està bé. Vostè no s'ha de preocupar de res més. *Mosatros* parem taula i au! Avui es farà massa tard. Ja recolliran les olives al Colom demà. Tanta pressa, tanta pressa. Què han de fer allí, ara vostès?".

A Benimaclet passejo pels indrets on solíem anar de copes, molts dels quals han desaparegut després de vint anys. Recordes quan quedàvem els divendres a la nit per fer una copa al Desvan? Allí s'afegirien altres amics a mesura que la nit se'ns menjava. Hòstia! Quin gust de música sentíem. Discs acabats de sortir del forn d'Anglaterra i Amèrica. Ens pensàvem..., ens pensàvem que érem els amos del món amb aquella música, tu!

Vas canviar de casa amb intenció d'acostar-te el màxim possible a la placeta del barri amb la font i l'església. I així ho vas fer. Tossut com una mula! Vas acabar vivint en una casa davant del campanar perquè les campanes et despertessin cada matí. Per valent, tu! Sí, per valent tu... Ah!

Ara m'adreço amb certa resignació pel carrer, preguntant-me si tindré el valor per contenir-me davant de la teva façana sense dolor amb una tendra mirada.

Más pronto o más tarde, en esta representación habrá que abordar que no conocemos los límites del dolor y el deseo, y que eso es lo que perturba nuestra felicidad.

La vida em sobrevé, va transcorrent, alguns dies més grisos que d'altres. Avui és un dia de tardor i torno del treball a casa, al Passeig de Sant Joan de la ciutat Comtal. Sortint del metro, em ve un record en forma de seqüència, com una pel·lícula en segons, saps? Un recorregut de la teva existència i l'impacte en la meva persona és el que em queda a la pell.

Tú, que eres una artista de la piel, una cultivadora de todas las tonalidades de la piel, no puedes dejar pasar la ocasión de hablar, soltarte por el terreno del tacto. Aprovecha la ocasión. ¿En qué lugar de la piel ese impacto? No clarifiques, entra por el laberinto de los sueños de la piel, ya que te has atrevido llegar hasta aquí en este final de acto.

ACTE II

Massa tard

Heu de telefonar la Geli. No sé si arribarà a temps.

Hay un foco de luz que me persigue. Hay un foco de luz que nos persigue en la noche. No sé quién eres. No te puedo distinguir. Tu cara... tu cara es ambigua, se desdibuja cuando la miro. No hay ojos ni boca... Tenemos que llegar a la otra parte. En el camino hay olivos y arbustos a ambos lados. Es un paisaje seco. Un camino de polvo y piedras ¡Si llegamos al otro lado, estaremos a salvo! ¡Corre, corre!

Tenemos que llegar. No podemos parar. ¡Mira! Alguien nos espera. Veo gente, como... como soldados que nos tienden la mano. No. No nos tienden las manos. Son fusiles que nos apuntan. Nos apuntan a nosotros. Quizá nos hemos equivocado y vamos hacia el Sur. Demos la vuelta. Deprisa. Volvamos por el camino recorrido. Hay un foco de luz que nos persigue. ¿Cuánto tiempo llevamos corriendo? Veo el final. Ahora sí. Estamos a salvo. Nos espera una multitud. Veo gente que nos tiende la mano. No. No nos tienden la mano.

He fet tard. Sí. He fet tard!

Què fas immòbil al llit de l'hospital? Xavi. Xavi, que què fas immòbil al llit? Per què no m'has esperat? Xavi, cony! Que són 350 km. Dius que em telefonin perquè vingui i... Que no podies haver calculat una mica millor...? Calcular la distància perquè tingués temps de deixar la feina agafar el tren cap a València i un taxi que em portés fins a l'Hospital Clínic? Perquè..., perquè més ràpid és impossible. Xavi, què fa tanta gent aquí? Què fan totes aquestes persones? Habitació vint-i-dos, segona planta. Pujo les escales corrent. Arribo, arribo a temps. A temps per dir-te tantes coses.

Percebo encara calent el teu cos, Xavi. El llençol cobreix el teu tors deixant-ne a la vista una part. No sé què és més nacrat, si el color de la teva pell o el drap que t'embolcalla.

Acaricio amb els dits els teus ulls, el front prodigiós, les orelles i els llavis. Pressento que s'han mogut. Sí. Encara em sents, i per això has mogut els llavis: Tu saps quant t'estimo, Xavi.

Ara els amics m'aparten de tu? Per què? Què he fet de mal? Vosaltres heu tingut tot el temps del món per acomiadar-vos! Deixeu-me a mi aquest últim instant de dol. No m'aparteu. No.

He arribat massa tard. El temps és insolent. Pervers, perquè si sumés els moments que he hagut d'esperar la vida per trobar-me amb l'amic, l'amant, el fill, fent cua a l'especialista, esperant. Esperant.

No he arribat a temps per donar-te les gràcies per haver-me ampliat l'horitzó del territori estimat que va més enllà de la terra on jo he nascut i es perllonga a la terra on visc ara. Gràcies per fer-me partícip de cada racó que tu estimes, gràcies per trencar-me els esquemes una vegada i una altra, gràcies per compartir els indrets que vaig coneixent a mesura que la vida solca la pell del meu rostre.

ACTE III

Llàgrimes

Al petit poble de la Serra d'Espadà, un autobús arriba des de la Universitat de València per fer costat a la teva família, professors com tu. Companys de seminaris, reunions, claustres, celebracions i també, perquè no, de funerals.

Quan entro a la casa dels pares, se'm pengen en una abraçada dolorosament infinita. La casa freda. I dels llavis de la mare surten un: "el meu xiquet, Geli, el meu xiquet".

Tot el poble es fa fosc. El silenci fa acte de presència. Un silenci aclaparador.

> *El silencio está ahí balanceando las partículas de polvo, jugando con los pensamientos, ocupando mi cuerpo en mitad de la noche.*

En la processó cap a l'església, em sento amb prou coratge per estar a primera fila de la mà d'Encarna que, amb penes i treballs, es manté dempeus. Fins on soc jo capaç de lidiar amb tanta tristor? I penso en la condemna de l'eterna absència. Com encaixaran els pares tanta aflicció? Com es despertaran amb el buit del fill, mai més present?

El buit, l'aflicció. Dues paraules. Dos conceptes. I quant significat amaguen per cadascú de nosaltres, tan sols pel fet d'existir. El buit. El buit, buit, buit, buit, buit........

Cent vegades amb la paraula buit. El buit del forat que fem construint impossibles castells de sorra a la vora del mar de qualsevol platja, de qualsevol estiu llarg. El buit de la joguina oblidada en el parc, el buit del tren que s'allunya, el buit dels llençols encara calents perfumats de sexe quan l'amant marxa.

Cent vegades la paraula buit i cent vegades la paraula aflicció. L'aflicció de l'arbre que es despulla a la tardor, aflicció per un gest desconcertant amb la persona amb la qual converses, aflicció per paraules d'amor mai pronunciades, aflicció per l'arruga que comença a aflorar, aflicció per la solitud que viatja al costat de nosaltres i no ens deixa mai en pau.

Llàgrimes! Gotes que netegeu de tenebra i grisor la foscor del buit.

Llàgrimes redemptores: sortiu de les coves i netegeu els sentiments que m'aclaparen. Feu-me costat i ajudeu-me a no enfonsar-me. Si us plau, si us plau. Llàgrimes.

A l'església en primera fila, asseguts els amics i els fami-liars ens mirem els uns als altres amb un gest desencaixat. Aaaaggg!

I quan col·loquen el fèretre de Xavi davant nostre, una connexió de sentiments conjunts a tots els presents es claven estrepitosament dins de les nostres ferides.

En silenci, la nit cau. En silenci, pugem pel carrer estret al cementiri. I la nit es fa grinyolant.

ACTE IV

Tres passos eterns

M'endinso al teu dormitori. Tres passos. Només tres. Tres passos eterns. Tres passos.

Estic contenta de veure't. No, això no. Estic trista de veure't... així..., ajagut all llit sense poder fer res. No. Com li he de dir això? Les visites serveixen per fer oblidar a l'amic malalt la seva pena.

¿De verdad piensas que esta es la conducta adecuada de quien se enfrenta al amigo muriente? ¿No te parece muy banal? ¡Tú que pones por bandera la relación honesta! O es que no te acuerdas la punzante franqueza con la que Xavi te lanzaba tu ingenuidad?

La meva germana em pregunta per tu, saps? I què?, segur que el Xavi em dirà alguna inconveniència. M'he aturat a veure als pares. Els teus cosins són carinyosos.

—I a què ve tanta visiteta al poble ara que m'estic morint?

Sempre m'he estimat a l'Encarna i al Paco i quan m'acomiado m'entra una tristor... especialment quan miro al Paco i li veig els ulls vidriosos, aquells ulls blaus fatigats de viure i aleshores... m'entra una tendresa molt gran.

Porto tot el trajecte de casa de ma mare fins aquí ideant què et diria en obrir la porta, les converses sobre les quals parlaríem. I en realitat, el que vull és plorar. Plorar i plorar. Plorar davant teu. Però crec que he d'amagar les llàgrimes i he de fer-me la simpàtica per donar-te ànims.

Soc vulnerable. Ho accepto. Accepto la meva vulnerabilitat. I què?

Em cauen llàgrimes, i què? No sé per què la gent que m'envolta es pensa que soc una dona decidida, segura, amb les coses clares. Què saben ells? Què sabeu vosaltres? Com us atreviu a dir-me que soc, que JO SOC una dona segura. Segura de què? "Sí, se't veu una persona segura de tu mateixa". I una merda!

Soc vulnerable. Bé. Tot aquest embolic i no he iniciat la visita. Mare de Déu del Senyor i que ens *pilli* confessats! Sí –com deia–, plorar em va bè. Em neteja la consciència. M'escombra la brutícia, les idees recargolades, i m'asserena els pensaments contaminats. I, sí: ploro també en silenci. Sí.

Quins tres collons de passos més eterns!!

Obro la porta de fora amb les claus que amagues sota un pot, fins que em sents tancar-la i em dius: "Entra, entra Geli!". Et faig un petó al front. Un front magnànim, espaiós. Un front rodó que no té ni principi ni final, perquè front i cap són un tot llustrós. Cap pèl. Bé ara estic sent massa modesta... A veure, Xavi..., que tot no ha de ser floretes, les coses com siguin! No és un front, és un frontó. Però què fas amb ulleres de sol, Xavi?

—Hola–bon-dia-fa-sol-i-mo-les-ta-la-cla-re-dat-del-cel-blau.

—Ei... Ja et pots posar ulleres de sol..., que et dic que no, que no et sembles a Yul Brynner, ni de bon tros: a Bruce Willis. Les seves calbes sí que són guapes, sí.

—Què, Xavi! Com vas?

—Recordes quan em vas demanar sarcàsticament si jo et donaria una píndola per acabar amb el teu patiment? Ara fa dotze mesos d'allò.

—M'ho vas demanar de veritat? No m'ho vaig acabar de creure, saps?

—Només quan vaig veure la rapidesa amb què estaves perdent la teva autonomia, vaig començar a pensar que això de morir-se a poc a poc anava de veritat.

—Quan et vaig acompanyar al lavabo i em vas demanar que t'ajudés a netejar-te el cul, va ser en aquell moment que vaig poder entendre que la píndola..., podria ser una opció dolça.

Quin favor m'havies demanat, amic meu! I jo em qüestiono que complexa és la tasca d'aquell que vol acompanyar-te cap a un irreversible destí, distraient la teva solitud amb acudits, historietes i afables diàlegs! A què et podem acompanyar en aquest procés de condol? Hòstia!

Rememoro la primera vegada d'aquest "sense retorn". Aquell dissabte quan em vas comunicar "la notícia". I jo..., que et visitava a casa teva per fer-nos el *vermutillo* de sempre. "Seu, Geli, seu", em vas dir. Vaig seure disposada a escoltar-te amb plaer, disposada a ser entretinguda de la manera habitual, com només tu ets capaç de fer-ho, amb intel·ligència i perspicàcia, amb la paraula apropiada en el moment oportú.

—Què passa?

—Estic malalt. Els metges m'han diagnosticat una esclerosi lateral amiotròfica.

—No conec la gravetat d'aquesta malaltia. Em pots explicar què vol dir això exactament?

—El que acabes de sentir.

La notícia em va deixar amb una perplexitat colossal. Entrava a ta casa, esperant tenir una entretinguda conversa, fructuosa i punxant de la persona amb el millor cap que havia conegut i em *soltes* allò de l'esclerosi. Santa innocència la meva!

—I ara, què?

—Conec tot el procés degeneratiu. M'ho han

explicat i em donen de dos a tres anys.

—Això dependrà de com evolucioni l'esclerosi.

—Geli, es diu ELA i afecta les neurones motores, la malaltia no deteriora la ment, la intel·ligèn-
cia o la memòria de la persona. Tampoc afecta els
sentits. És una malaltia neurològica progressiva fa-
tal, que ataca les neurones motores encarregades
de controlar els músculs voluntaris.

Fatal-fatal-fatal-fatal-fatal-fatalllllll… Aquestes neurones controlen la comunicació entre el sistema nerviós i els músculs voluntaris del cos.

La notícia em va semblar increïble, irreal,
impossible, inacceptable, inadmissible ...

In..... in..... in....... in, in, in.

Arribo a casa i consulto el Dr. Google. Clico:

(Leer deprisa, sin que se entiendan todas las palabras)

"A l'esclerosi lateral amiotròfica, les neurones motores es degeneren o moren i deixen d'enviar missat-
ges als músculs. La conseqüència és que gradualment els músculs s'afebleixen, s'atrofien i es contre-
uen (fasciculacions)".

El meu cap ballava l'adverbi de mode: gradualment,
gradualment, gradualment, gradualment… Sense

tornada, sense tornar enrere.

"Queden afectats tots els músculs sota control voluntari i els pacients perden la seva força i la capacitat de moure els braços, cames, cos. Quan fallen els músculs del diafragma i de la paret toràcica, els pacients perden gradualment la capacitat de respirar sense un ventilador o respirador artificial. La majoria de les persones amb ELA moren de fallada respiratòria, generalment de tres a cinc anys a partir del començament dels símptomes".

Gradualment, gradualment, gradualment, gradualment...

Ain't no sunshine when he's gone
It's not warm when he's away.
Ain't no sunshine when he's gone...

ACTE V

Em queda poc

Quiero morir. A veces. Huir. Descansar. Que mis pensamientos dejen de correr de un lado a otro. En círculo, en caída libre, a velocidad de vértigo. Morir para que mi cabeza me deje en paz de una puta vez. Morir para alcanzar la quietud. Una calma permanente.

¿Se logra la templanza cuando se cumplen los cincuenta, o acaso los sesenta?

Mejor morir y entonces..., entonces la calma y el silencio.

Hola, Xavi. Avui passarem el dia junts. Farem un *vermutillo*, després un arròs que cuinaré jo i et faré un massatge als peus i a les cames.

De pas, et tallo les ungles. Ara preparo tota la instrumentació: les tisores, l'aigua tèbia, la palangana de plàstic, la tovallola, el raspall per les pells mortes i les cremes. Un bon massatge i veuràs quin relaxxx...

És clar, això si ens deixen les visites que, de

segur, vindran aquest vespre... Mira, saps què? Igual no els obro la porta.

—Això-no ho- fa- ràs- no siguis-e-go-is-ta.

—Egoista? Faig 350 kilòmetres per dedicar-te el cap de setmana i resulta que t'he de compartir amb altres? Els altres et poden tenir en qualsevol moment perquè viuen aquí! No. No obriré pas la porta.

Per aixecar-lo del llit i vestir-lo, cal un protocol. Un protocol d'instruccions que ell ens pauta als cuidadors de vegades amb un xic d'impaciència i autoritat. I, què cony!, de fàstic. D'esgotament. Veure'l enlairat amb la grua a mig camí se'm fa insuportable. Veure'l a dalt amb els cinturons de la grua enganxats al seu cos blanc, inofensiu, vulnerable.

Tan inestable, tan poc humà..., com un objecte.

—Em fa mal. Em fa mal, em fas mal. Aaagg!! Així no ho a-con-se-gui-ràs. Has de po-sar l'ar-nès més a dalt, si no des-prés no em podràs aixecar, collons!

La manera com portes la malaltia és una mostra més d'amor vers nosaltres. Encara que, de vegades, ets una mica fill de puta. Vinga, Xavi: anem a fer-nos l'aperitiu mentre preparo l'arròs al forn. Jo em faig un Rom amb Cola i tu m'has dit que vols una mica de güisqui sense gel amb una palleta per poder empassar-te'l . Perfecte.

—Vaig pel gel. No cal que em segueixis, Xavi.

Que soc incapaç de treure el gel de la nevera? Home no em facis tan inútil, tot i que massa manetes no soc. Ho reconec. Dona'm un vot de confiança! Ah, en quin sentit un sistema que fa gel? Què és un frigorífic intel·ligent? Ara ho veig. Tu no vols gel, m'has dit? No hi ha cosa més bona que un Rom Bacardí amb cola.

He portat per fer un arròs al forn. He comprat tot el que ens fa falta. No et preocupis.

Sempre em demana el mateix: un arròs al forn. No una paella, no. Un arròs al forn.

Agafo una cassola de fang. Em poso un davantal i em concentro per fer l'arròs en una cuina que no és la meva. El Xavi em mira en tot el procés i em dona instruccions d'on són els estris.

Tallo i fregeixo la patata i les costelletes de porc. Després, afegeixo la mitja cabeça d'alls, els cigrons i el mig tomàquet. Afegeixo un got d'arròs i el doble d'aigua menys una mica. I tot a la cassola i al forn.

Assegut a la cadira de rodes, l'observo de lluny. Veig el gest de dolor, ara inclina el cap, com mastegant i digerint el procés de paràlisi progressiu.

Em cau una llàgrima. I penso: què faré jo quan no hi sigui, ell. Amb qui parlaré dels meus temors, de les nits fosques, dels cossos entrelligats en els draps de llit d'amors passats, a qui comentaré els meus poemes? A qui li demanaré consell?

—Geli. Engega l'extractor que no m'agraden les olors de fregits.

—Sí, Xavi. Renoi, quin canvi de registre! Amago els ulls perquè no vegi que ploro. I sense mirar-lo, li dic:

—Tot preparat. Dinem en quinze minuts.

SIN DARME CUENTA

Soliloquio teatral de 75'

A quienes os habéis sentido ninguneadas y sin voz.

*Prefiero ser feliz
a tener la razón*

Esta noche, cuando abra la puerta de casa, estaré por fin sola. No habrá nadie. Nadie que se apropie del espacio común, nadie que me ignore. Nadie que me hable sin mirarme. Extenderé los brazos y recorreré el pasillo, abriré los ventanales del porche para respirar. Volveré a habitar los espacios que con el tiempo fui perdiendo sin apenas darme cuenta. Estaba tan lentamente apartada..., que perdí la dimensión del hogar en un pasado compartido con amor.

Two little treasures

Lo más tierno que ha salido jamás de tu boca fue aquella expresión al volver a casa y depositar los dos bultitos envueltos en ropa en las canastillas del radiante dormitorio: *What two little treasures!* (¡Qué dos tesoritos!). Sí. A uno le apodé: mi caballito de mar que trota y persigue la espuma de las olas; al otro, mi perlita blanca de piel casi translúcida. Y es que en nuestras excursiones a la playa, el primer nacido se pasaba horas saltando por la orilla del mar como si fuera un caballito. Y el segundo, tiene la piel tan blanca, que es una piel aperlada y las venas se perciben con facilidad.

¡Qué tiempos tan felices! Cuánto trasiego. ¡Qué agotamiento! Dos al mismo tiempo. Dos para todo. Dos a la vez. Dos deprisa y corriendo. Dos. Yo, recostada en la cama desnuda sujetando mi pecho y apretando el pezón con el índice y el corazón para que esos tesorillos succionaran y se alimentaran. Como una vaca, dando leche a uno y al otro, me sentí durante dos hermosos meses. Mi pecho no podía abastecer.

En mi ignorancia, no pensé que amamantar fuera, en contra de cualquier pronóstico, tarea compleja. Yo pensaba que era un acto intuitivo y espontáneo. Pero no fue así. Pues la leche no sale sola... hay todo un procedimiento lento de acoplamiento entre el pezón y la succión. Me perdí las dos últimas sesiones de la comadrona. Solo las dos últimas. Las que trataban de esta interacción entre el bebé y la madre. La leche no salió hasta unas cuantas horas más tarde y por fin se produjo la MAGIA de la naturaleza.

Apenas dos meses antes del alumbramiento, accedí a escuchar a la experta en dar vida. Reconozco que fui medio obligada. Mi ginecólogo me recomendó asistir a esas sesiones: "Es una gran profesional y trabaja conmigo desde hace años", me comentó. No tenía yo puesta mucha fe en aquellas sesiones explicadas por la comadrona. Me sentía como una isla en medio de mujeres que hacían punto de cruz con el nombre del futuro neonato, enseñando a diestro y siniestro las menudencias de la gloriosa llegada de un ser al hogar. Me daba un poco de asquito observar la excesiva importancia que estas mujeres otorgaban a un fenómeno tan natural como traer un ser al mundo. Algunas mujeres venían acompañadas por sus maridos. No digo que esté mal toda esta parafernalia ante el evento. ¡Tendré que admitir que soy un bicho raro porque yo aún no tenía previstas las canastillas populares: ni las sabanitas, ni la funda "delicada" para evitar el contacto del tejido en el cuerpecito del bebé, ni las cremitas Mustela! Esas futuras madres tenían previsto una serie de lazos azules y otros bordaditos repipis que a mí me daban arcadas. Yo, toda yo una panza, con dos en mi vientre y sin haber comprado la canastilla, ni preparado ajuar alguno, confiaba en que lo haría todo en el último mes. Pero todo se precipitó y mis dos retoños se peleaban por ver quién iba a salir primero. Asustada, mi madre se presentó en el hospital, alarmada: "¿tienes la canastilla?".

Seguí al pie de la letra las instrucciones de la comadrona: "No despertéis al marido. Cuando llegue el momento, os paseáis por el pasillo de vuestra casa y hacéis la respiración que hemos practicado para soportar las contracciones". "¿Cómo sabré que ha llegado el momento?". "Lo sabrás. Empiezan las contracciones y su frecuencia aumenta progresivamente. Entonces notaréis un dolor en la espalda y por el abdomen. Romperéis aguas". Yo me decía a mí misma: ¿Qué es eso? "Es un líquido amniótico, líquido que protege al bebé. A partir de aquí, seguramente empiece la dilatación del cuello del útero. Entonces es el momento de tomar una ducha y ya podéis despertar al marido para que os lleve al hospital". Me dio vergüenza ajena tener que oír esto de no despertar al marido.

Los mellizos nacieron en un parto fácil, mientras el ginecólogo y la comadrona hacían chistes verdes delante de mí. El peso de mis hijos fue bueno teniendo en cuenta que eran dos.

Bienvenido el trasiego y aquella veneración por lo que da sentido a la existencia humana: la preservación de la especie. Los años más felices de mi vida; los años más felices de nuestras vidas. Y eso que *Él* no quería asistir al parto... La comadrona le convenció muy al final: "¿Te vas a perder el espectáculo más bello de tu vida? No habrá concierto, ni obra de teatro que alcance la emoción ni la belleza de presenciar el nacimiento de un hijo".

Todo tan fácil. Mi caballito de mar salió como una rosa, luego *Él* no pudo perder la compostura y emocionado sujetó su primer tesoro, mientras yo seguía empujando para que saliera la perlita. El ginecólogo y la comadrona se jactaban con sus chistes y aquello fue un festín inolvidable.

Barriga

"Tienes barriga. Te estás poniendo gorda. ¡Te quedaste tan bien después del parto! Ahora cada vez comes más. Tienes que moverte. Hacer deporte. Caminar." Estas eran las pocas frases de apoyo que recibía de *Él*.

Mi barriga se descolgó de una parte más que de la otra. Muchas estrías. Nunca mi piel ha vuelto a tener el aspecto turgente después de dar a luz a mis hijos. Ellos engordaron en mi vientre, yo adelgacé mientras en mi cuerpo moraban los fetos. Y adelgacé tanto que llegué a tener el mismo peso que tenía a los veinticinco años. Me quedé flaca, sin fuerzas, sin energía física ni psicológica. La intendencia de los bebés no daba tregua alguna. Apenas me recostaba la almohada ligeramente cuando tenía que incorporarme para cambiar pañales a uno o a otro. Por aquella época *Él* también ayudaba en la crianza, aunque con el tiempo esta ayuda se fue apagando como una vela se va extinguiendo. Me sentía como un saco de patatas echada en la cama desconcertada ante tanta actividad.

Lo peor era que estaba siempre en la cama

dando de mamar o reponiendo fuerzas para las siguientes dos horas. Porque ese era el escaso reposo. Oliendo sus cuerpecitos, escuchando su respiración, observando la placidez de sus sueños.

Con el transcurso de los años de convivencia familiar abandoné mi figura y me centré en mis estudios académicos y en mi trabajo. Abandoné mi coquetería porque entendí que no valía la pena mirarme en el espejo del baño, teniendo la felicidad a mi alrededor y dedicando aquellos maravillosos años a la crianza.

A los pocos meses de dar a luz me apunté a un gimnasio, pues siempre he mantenido un cierto tono físico vital; pero la suerte no me acompañó. Unos dolores extremos me impedían hacer mis ejercicios con normalidad. Cualquier actividad física acababa resultando un fracaso, y no por falta de insistencia por mi parte, pues cuando los niños empezaron a andar y a valerse un poquito por sí solos, íbamos a la montaña a esquiar. A medida que se iban haciendo mayores también hacíamos todos cursos de esquí: práctica que *Él* amaba con locura. Sin embargo, me he sentido en innumerables ocasiones incomprendida especialmente cuando a causa de mis dolores, no podía estar al cien por cien bajando por pistas rojas y alguna que otra negra.

Al contrario de lo que cabía suponer, cuanto más ejercicio hacía más intenso era el dolor. Empecé a sospechar que sufría los síntomas de fibromialgia o algo parecido. El caso es que un día fui a mi reumatólogo para que me diagnosticara él mismo esta sintomatología. Al entrar por la puerta dije: "Doctor, vengo a que me diagnostique fibromialgia". La cara de sorpresa fue monumental y me contestó: "Voy a realizar unas pruebas a ver dónde te duele." Y a continuación me hizo un test con unas cincuenta preguntas. "Lo cierto es que tienes una personalidad que predice estos síntomas." Se refería a mi responsabilidad, a cargar con más tareas de las debidas, a ser un tanto exigente conmigo y con los demás, a ser disciplinada. Salí de la consulta ya no intuyendo sino confirmando que iba a padecer dolores el resto de mi vida. ¡Gran desconsuelo el mío! Especialmente porque entreví que no podría hacer deporte ni muchas de las actividades físicas que tanto me gustaban.

Hace poco mis hijos me comentaron: "el papá dejó de quererte cuando empezaste a tener barriga". Yo que siempre lo habría querido con sus miles de arrugas en la cara, con sus ojos caídos y su inmensa cara de tristeza y aun no funcionando nuestra relación, nunca se me habría ocurrido pensar dejar de quererlo por sus miles de arrugas, sus ojos caídos y su inmensa cara de tristeza. Uno no puede dejar de amar a alguien por su estado físico, porque yo lo habría amado hasta manco o tuerto. La cosa no va de eso. No hablo de pasión, todos sabemos que la pasión desaparece a los dos, máximo tres años de convivencia, luego viene el amor y finalmente el cariño. El cariño es lo que queda en las parejas tras todos los obstáculos transcurridos y en muchas ocasiones mal vividos. Su tristeza infinita, un estar sin ser, también hizo mella en mí. Quizás pasara *Él* una depresión sin saberlo porque después de comprar la casa del pueblo para llevar a cabo un proyecto juntos que nunca ocurrió, su presencia dejó de serla para ser más una ausencia. Al elaborar este relato he visto claro que apenas había ilusión en sus actuaciones, más bien al contrario, una dejadez. O quizás se sintiera abrumado ante tanta responsabilidad. Una casa de pueblo que podía haber sido el camino hacia una jubilación dinámica, activa y social, se convirtió en la antesala del final de nuestra relación. Yo fui feliz en ese lugar apartado del mundo, en un entorno amable de la naturaleza, un ámbito rural de personas también amables. *Él* era un hombre sin alegría y sus párpados reflejaban la pesadez del hastío.

Yo admiro a esa pareja de ancianos que con pelo blanco y con dificultades para andar se cogen de la mano y caminan, sin saber quién tira de quién. Porque algunas veces tira uno y otras veces tira el otro. En nuestro caso yo tiraba muchísimo del carro y cada vez me sentía menos correspondida. No estoy diciendo que *Él* no lo hiciera, pero hacía poco; cada vez menos, hasta dejar de cumplir con sus obligaciones de padre. Porque las obligaciones maritales hacía tiempo que las había abandonado.

The British charm

I love the English language, I love English men, I find them good looking, I love the English cliffs, the English landscape, the very green fields, the British towns. On the whole, I love English culture[1].

Cuando tenía catorce años y la profesora de francés me dijo: "¿Qué prefieres tener: matrícula tras matrícula en la asignatura de francés durante tus estudios de BUP o aprender inglés?" Por supuesto, aprender inglés. El primer año de inglés fue fatídico y todos los compañeros se reían por mi marcado acento afrancesado, al cumplir los diecisiete y tras dos conferencias a las que asistí en las que los profesores venían de la universidad de filología de Valencia hablando de Samuel Beckett, de O. Wilde, Henry James, entre otros; decidí en aquel momento que mi camino estaba marcado.

Me gusta el sonido de la lengua inglesa, las "w" en palabras como *window, weeping willow, swallow*. Me gusta el sonido de la grafía "t" en inglés, casi como una "ch" en las lenguas románicas.

[1] *Amo el idioma inglés, amo a los hombres ingleses, los encuentro guapos, amo los acantilados ingleses, el paisaje inglés, los campos muy verdes, las ciudades británicas. En general, me encanta la cultura inglesa.*

Me enamoré de lo británico, y por supuesto, esto incluía el que luego fuera el padre de mis hijos. El encanto británico me ha llevado a viajar en innumerables ocasiones por Reino Unido. Me sigue dejando perpleja la contención de los anglosajones a la hora de mostrar las emociones ante los demás, ese pudor arraigado en su cultura por demostrar los excesos, más propia de los países sureños de Europa.

El inglés ha sido mi modus vivendi. Me ha dado de comer literal y culturalmente. Me hace ser feliz instrumentalmente hablando porque me facilita el entendimiento de culturas lejanas a la mía, el intercambio con el otro, viajar a otros países, conocer cómo viven otras personas. Y he sido muy feliz enseñando la lengua inglesa, tan feliz que pudiendo estar jubilada por los años trabajados en la docencia, decido continuar dando clase. Porque me apasiona ver esas caras de curiosidad en los estudiantes, me encanta quebrantar fronteras en quien aprende, esa sospecha de que mi trabajo es útil, porque en esos lugares comunes de aprendizaje hay un intercambio de algo más, que en definitiva, fundamenta mi existencia. Todo esto me hace amar mi profesión porque cada nuevo día supone una sorpresa para mí. Por supuesto que he proyectado en ellos, mis alumnos, mi pasión por lo inglés, pero también mis otras pasiones; la música, la geografía, las anécdotas vividas y contadas, la pasión por la lectura y el cine.

No sería yo de no ser por la profunda influencia que ejerció en mí Samuel Beckett, con su literatura desgarradora y escatológica, rayando el nihilismo. Hablo de lo inglés, como podía hablar de lo americano o de lo irlandés. Unas charlas de Jenaro Talens sobre su propia publicación *Conocer Beckett y su obra*, además de otros profesores que durante mi andadura por la facultad de filología (1980-85), tales como Toni Tordera, Evangelina, Enrique, Juan Vicente Luciano, marcarían para siempre un amor incondicional por la literatura universal, y un posicionamiento crítico ante la vida.

¿He mencionado el encanto de las vigas negras de los *cottages* ingleses, de las casitas del siglo XVII?, XVIII? ¿Esas vigas típicas de los Public Houses, pubs ingleses, que sostienen una historia de gentes que entran para obtener un poco de calor humano, con una pinta tras otra en la mano? Puedo visualizar como en un cuadro esas escenas de calor envolvente y fuerte olor en esos espacios públicos. Esto forma parte del British *charm*. Y también es British *charm* esos pueblos minúsculos a punto de caerse por el acantilado en Cornwall, o el paisaje que albergó a tantos escritores por los condados del sur de Inglaterra a través de la localización de los personajes de sus escritos, Virginia Woolf, T.L. Lawrence, Coleridge, Dickens; en Sussex, Somerset, Devon, Dorset. Bellas praderas equilibradas, rutas costeras al borde de un esplendor marítimo, el color verde característico del clima oceánico.

Aterricé en Eastbourne con apenas diecisiete años y sin saber la diferencia fonética entre la palabra *fork* y *fuck*, porque mi inglés en aquellos jóvenes años era muy pobre; y esto me llevó al primer encuentro desagradable con esta cultura. De este malentendido surgieron muchas risas y burlas y ya se sabe que la adolescencia es hija de la inseguridad, que es exactamente lo que esas burlas me produjeron. Sabemos lo importante que es una buena pronunciación en esta lengua que tiene vocales largas y cortas y consonantes de origen vikingo y germánico. Eso sí, a pesar de todo —como les comunico a mis estudiantes al principio de curso— el cuarenta por cien del léxico inglés halla sus orígenes en el francés (con la invasión de los normandos en 1066 y su asentamiento insular que duró tres siglos) o el latín (en la invasión de la isla por los romanos), y por la cristianización de la isla. El español, por contra, tiene cinco vocales y poco importa que las alargues o no, excepto en el sur, que al alargarlas estás haciendo un plural, en el dialecto meridional del castellano.

Hoy en día, en algún momento del curso escolar en adultos, hablo a mis alumnos de la gastronomía inglesa. Estáis muy equivocados quienes pensáis que no existe, les digo. Con cara de asombro observan en la pantalla digital de clase las imágenes de *bangers and mash*, *shepherd's pie* o *cottage pie* o el *steak and kidney pie*, *Cornish pasty*, el *Lancashire hotpot*, *Yorkshire pudding*, *fish & chips*, *Christmas cake*, *pork pie*, el queso Stilton (todavía entre la escala de mis favoritos junto a la torta del Casar) y un largo etcétera. Esta experiencia culinaria la compartí con mi familia política en nuestros celebrados encuentros en fechas señaladas por los distintos condados de Inglaterra, desde Northumberland, North of Yorkshire, Derbyshire, Nottinghamshire, Cumbria, Lancashire, Somerset, Devon, Dorset, Cornwall, London. Una gozada, esos entrañables momentos cuando la familia inglesa alquilaba una estancia de una semana en una especie de *cottage*, de casita rural. Bueno de casita nada, porque eran una especie de mansión: con sus muchas habitaciones, un espacioso jardín y sobre todas las cosas una magnífica cocina y comedor. Mantengo un recuerdo inolvidable que permanecerá en mí el resto de los días. Lo mejor que me ha dado mi exmarido, aparte de mis dos tesoros, ha sido su familia, con la que continúo manteniendo contacto.

El silencio

Se instaló en nuestras vidas un tácito silencio:

El silencio carcome,
el silencio de la nada
el baile en el pasillo
para no cruzarnos
tú allí
yo aquí,
para convivir, sin hablar
para morir cada día
en una vida sin palabras
donde los malos gestos
se instalan en la casa

Sí. Desapareció. No sé en qué lugar. Pero ya no habita en mí, ni en ti tampoco. Anda perdido, desorientado, sin rumbo, desolado, sin forma ni sentido. Me refiero al deseo. Sí, se fue poco a poco, paulatinamente sin apenas darnos cuenta, se ha ido del paisaje desvaído, de la tierra resquebrajada, de las fuentes agotadas, de las grutas castradas, del horizonte confuso. Se marchó hace tiempo. Al acecho de cuerpos turgentes, a estructurar su existencia, a recorrer otros valles sugerentes, a surcar otras melodías sinuosas, a vivir experiencias novedosas.

Hay tormenta. Llueve intensamente. Estoy en el porche de casa. La tarde se ha hecho negra. Llueve por fuera y llueve por dentro de mí. Ahora es otro momento. Otra circunstancia. La nuestra, la de nuestras vidas. Me produce inquietud tu presencia o la posibilidad de que entres en casa, escuchar la llave abriendo la puerta.

Estamos y no estamos, pero estamos. Aguantamos. Passeig de Sant Joan. En la noche me lo pregunto antes de que me venza el sueño. Aunque se haga de rogar. Vueltas y más vueltas intentando conciliar el sueño. También en los anodinos trayectos en metro o cuando huyo en busca de aire fresco. Pasar un día más así, es morirme. Porque me estoy muriendo. Me estoy muriendo en silencio.

El silencio es la única respuesta a mis dudas, a mis preguntas, también cuando quiero establecer contacto contigo, con *Él*. Su respuesta es: "siempre buscas problemas".

—Necesito hablar, hablar de nosotros.

—Todo va bien, todo es correcto. No quieras encontrar problemas donde no los hay.

— Quiero hablar de nosotros.

—No hay nada de qué hablar.

Después viene la mueca de fastidio. Y yo me pregunto, siendo existente este fastidio, ¿por qué no me plantea una separación? ¿Por qué prefiere este silencio insoportable a una nueva vida más enriquecedora, sin mí?

Mírame, mírame cuando me hablas. No es mucho pedirte. Por respeto. Va. Venga. ¿Por qué no me miras? ¿Te doy asco? ¿Es que te sientes culpable por este silencio? ¿Te incomodo? ¿Por qué no hablamos? ¿Te produce temor lo que yo pueda decirte? Estoy convencida de que poco te importa. Tú no quieres abrir una ranura de comunicación privada. Sencillamente, te has asentado en el principio de la ausencia de diálogo. Estás en tu zona de confort. Esta zona de confort tuya me produce mucho dolor, me causa angustia. Esta falta de intimidad me va carcomiendo por dentro.

Solo habla cuando estamos en la mesa y cuando yo hablo en lugar de mirarme a los ojos, desvía su mirada hacia otro lado, por ejemplo, hacia mis hijos. Me siento disminuida cuando hace este giro. ¿Por qué lo hace? Será que le repugno. ¿Tendré yo la culpa de este silencio? Hace tiempo que vengo observando esa actitud, la no mirada.

La coreografía en los pasillos

Un largo pasillo y dos espacios claramente separados en la casa: a la derecha la cocina y el salón; a la izquierda los dormitorios y el estudio. EL ESTUDIO, en mayúsculas, por favor. Porque así como "érase un hombre a una nariz pegado", yo puedo asegurar que *Él* era un hombre enganchado al sillón del estudio. Nuestra relación en el espacio de nuestra casa era como una coreografía intuida. Los dos bailábamos para no encontrarnos, para evitarnos, para no tener que mediar palabra, ni justificación. Si yo estaba en la zona de la derecha de nuestra casa, *Él* se asentaba en su estudio, donde pasaba la mayor parte de las horas, trabajando sí, pero también haciendo otros menesteres administrativos. Si yo estaba en la zona de la izquierda, *Él* permanecía en la cocina. La cocina se convirtió en su refugio, en un refugio seguro para *Él* y peligroso para la familia. Las conversaciones entre nosotros desaparecieron y se instalaron unos diálogos anodinos, sin sustancia alguna, propios de la rutina. ¿Has comprado pan?

Pendiente y dependiente del pan y del vino en la mesa. Como en la liturgia de la misa: "Este pan y este vino, señor, se transformarán en tu cuerpo y sangre".¡Joder qué importancia le otorgaba *Él* al pan y al vino! Toda una vida dependiente de lo oral. ¿En qué estadio freudiano se estancó? En el oral. Está claro. La comida, la bebida, el tabaco. Todo lo que pasaba por la boca. En resumen, me enamoré de una persona que no había resuelto sus vínculos orales con la madre y que le daba mucha importancia a la comida quizá para llenar el hueco emocional llamado ansiedad. Y que por si fuera poco bebía. De sobra sabemos lo que beben los ingleses, pero *Él* bebe y bebe mucho. La psicología dice que quien bebe lo hace para alejarse de la realidad un rato. La conclusión es que *Él* nunca estaba presente.

La psicología freudiana argumenta que el beber, fumar y comer tiene que ver con personas cuya etapa desde que nace hasta los dos años no fue del todo resuelta con el vínculo que se establece entre la madre y el bebé, y que fruto de esta dependencia no resuelta de la succión, se fija un trastorno psicológico que consiste en la búsqueda continua de la estimulación oral negada en la infancia. Provocando que muchas de estas personas se conviertan en manipuladoras para satisfacer sus necesidades.

Esta cuestión oral marcó nuestras salidas. No se conformaba con un bocadillo o un aperitivo en la playa, teníamos que sentarnos en un restaurante y pedir la carta y estar dos horas en el acto de ingesta que en ocasiones se alargaba, con gran desesperación por mi parte porque después del segundo plato

–porque para mí ese era el final de la comida– había una larga espera a un café y un chupito que se me hacía tediosamente eterna. Muchas veces dos.

A la playa de Torredembarra y Altafulla iba con el Skoda y con mis hijos. ¡Qué gozada ver saltar a mi caballito de mar sobre la espuma creada por las olas! ¡O a mi perlita jugar con las palas y la pelota! Mis hijos no tienen recuerdos de una experiencia familiar compartida en excursiones a la playa. Éramos tres y no cuatro, como tendríamos que haber sido. De ahí con el tiempo llegué a la conclusión que las visitas turísticas en nuestras salidas cuando éramos cuatro quedaban relegadas a mucho gasto en restaurantes en comidas y cenas y poco gasto en museos y visitas locales a sitios emblemáticos.

Hoy en día viajo a mi aire sin la preocupación de ir a la búsqueda y captura de un restaurante, me suelo conformar con lo que sea. Y si el país donde viajo no hay vino ni cerveza, pues me conformo con agua o zumos y punto.

No quiero

No sé en qué momento empezó. No sé en qué momento empezó a adueñarse del espacio de la casa. Fue tan lento que no lo percibí. Sobre todo no percibí el problema. Me dejé llevar, me dejé arrastrar, en la batalla, *Él* iba ganando terreno al tiempo que yo iba cediendo. La luz de gas había empezado. Pero yo de este concepto no tenía ni idea hasta que un día mi hermana desde su casa de Brooklyn me envía un mensaje que contenía su definición y de repente una sacudida en mi interior me hizo tomar interés por este tema.

NO QUIERO a alguien que me pregunte y con ello me menosprecie por haber comido un arroz con ajoaceite y al entrar en el coche me suelte ¿has tomado ajoaceite, verdad? Según la programación neurolingüística, esta medio pregunta medio aseveración está hecha con la intención de ejercer un dominio y control sobre la persona a quien va dirigida. He estudiado psicología, terapias, subdisciplinas de la psicología y también me es cercana la programación neurolingüística. En Wikipedia la programación neurolingüística es definida como una aproximación pseudocientífica de comunicación, de desarrollo personal y psicoterapia creada por Richar Bandler y John Grinder en California en los años setenta que sostiene que existe una conexión entre los procesos neurológicos, el lenguaje y los patrones de comportamiento aprendidos a través de la experiencia (programación), afirmando que estos se pueden cambiar para lograr objetivos específicos en la vida. Muchas preguntas que me hacía mi ex y que estaban relacionadas con la comida empezaban en negativo ¿No quieres repetir, verdad? Con lo cual deja sin apenas escapatoria a su interlocutor para decir: pues no. Aunque yo me quedara con hambre y en realidad tendría que haber dicho que sí. Y con la pregunta de ¿has tomado ajoaceite, verdad? ¿Qué quieres indicar con esta pregunta? ¿Qué te da asco el olor? ¿Qué eres tan listo con el olfato que eres capaz de adivinar lo que he comido? ¿Qué sencillamente ya no me aguantas? Esta pregunta planteada así, ese ¿has tomado ajoaceite? Implica muchas cosas. Implica que en lugar de darme un beso y darme las gracias por ir a recogerte en el coche a la estación de tren –¡desagradecido!– no se te ocurre otra cosa mejor que el menosprecio. ¿O crees que tú siempre hueles bien? ¿Cómo te atreves a preguntarme si he comido ajoaceite? Ni que tú tuvieras que darme permiso para comer lo que quiera. Y algunos de los presentes se preguntarán por qué es esta pregunta tan importante para la escribiente, sencillamente porque ese, ESE famoso día decidí que ya no iba a continuar con la relación y ese día le dije que nuestra situación era insostenible y que después de cuatro años en los que *Él* me había estado negando la separación, yo ya no podía digerir esa tortura más.

NO QUIERO a mi lado a una pareja que ignore mi creación poética y evite venir a mis actos de lectura. Lo hacías para herirme, ¿verdad? Como aquella vez, que debajo de casa en el local del PSC me prestaron el local para reunir a unos cuantos amigos y poder hacer una lectura dramatizada en público, en un lugar no más lejano de cien metros de casa y a ti no se te ocurrió otra cosa que abandonarme ese día, coger a nuestros hijos y marcharte a la casa de campo. Ese día. Ese preciso día. Para hacerme daño. No estuviste a mi lado nunca, querido. Ni siquiera en casa, cuando ensayaba las lecturas en familia, quisiste escucharme, ¡qué poco sacrificado!

NO QUIERO a mi lado a alguien que nunca tenga una palabra de aliento cuando desfallezco. Y he tenido unos cuantos. Han muerto personas estimadísimas. Mis mejores amigos han muerto jóvenes. No viajaste nunca conmigo a Valencia a compartir la paulatina decadencia y muerte de mi mejor amigo en esos viajes que repetí cada seis semanas para ver el final putrefacto de la muerte. Porque a los amigos los acompañamos en lo bueno y en lo malo, y sobre todo en lo malo, porque si no, ¿para qué queremos a los amigos? ¿Y tú dónde estabas? Escondiéndote. Ahuecando el ala como los avestruces. Cuántas veces te he acompañado en funerales, bodas y otras tantas celebraciones de tu familia, siempre a tu lado; para lo bueno y para lo malo. Ni siquiera querías compartir el momento del nacimiento de tus hijos. ¡En el fondo un cobarde! Menos mal que la comadrona insistió ¿De verdad te ibas a perder el mejor espectáculo del mundo? Casi te lo perdiste.

NO QUIERO a alguien tan rutinario y previsible en la que no haya noche, cuando sentado en el sofá, no se tome un chupito de güisqui, dos cuadrados de tableta de chocolate Valor y dos galletas. Porque vivir contigo ha sido, después del nacimiento de nuestros hijos, una actividad anodina con poco interés. Todo demasiado previsible. Sé que tener mellizos de mayores, como fue nuestro caso, es duro, pero tu falta de interés por mí, fue un quiebro sin salida.

Otros brazos me acogieron
otros labios consolaron mi tristeza
otras manos masajeaban mi piel
entre horas muertas,
allá donde el desaliento se hizo insoportable
allá donde la muerte me acechaba
Otros brazos

NO QUIERO a quien se ha convertido en mi intruso y no quiere compartir nuestra cama con la excusa de mis ronquidos, cuando hace más de diez años que tú ya empezaste a roncar. Sé que es una excusa, porque da igual a la hora que se acabara de ver la película, *Él* siempre se iría a dormir más tarde que yo. Y aquí fue el final de nuestro contacto físico. Aquí comenzaron a distanciarse nuestros besos, hasta que dejó de haberlos ¿Por qué no venía a la cama conmigo? ¿En qué momento eligió el dormitorio de invitados para dormir? ¿Por qué me negó el sexo? Si veíamos una película juntos, al acabarse se quedaba. ¿Para qué? Siempre supe que *Él* no es persona de sexo nocturno... Pero al menos un roce, una caricia. O tan solo unas palabras, anodinas, un repaso del día. Se me negó todo. Y cuando le pedía que me acompañara a dormir, *Él* siempre quería quedarse solo en el salón. Nunca hiciste el menor esfuerzo por complacerme. Como si el concepto de complacencia no entrara en tus cánones.

NO QUIERO alguien que se refugie constantemente en el trabajo, en el despacho, en el ordenador, en la pantalla, en SU ZONA DE CONFORT, como si fuera lo más apremiante en la vida familiar.

NO QUIERO alguien a mi lado que se apodere del mando a distancia y de los espacios de la casa y me vea cada vez más chiquita, huyendo de mi determinación o mi elección, relegada y forzada a una dia-léctica en la que *Él* va a batallar hasta ganar; hasta darme por vencida. Porque el programa que veo es telebasura, no puedo estar con una mujer que es capaz de ver ese programa, decía. Es mejor que veamos una serie inglesa. La televisión española no vale nada. En mi acto de cesión me usurpaba toda capacidad de decisión y de poder. Por no empezar una conversación tirante, me daba por vencida has-ta que al final dejé de tener elección y acababa por ceder. En este acto atroz cavé mi tumba sin darme cuenta. Muy al final de nuestros días, cuando la convivencia estaba absolutamente rota, le obligué a que los días pares iba a tener yo el mando a distan-cia de la televisión y los impares los iba a tener *Él*. Y sucedió que *Él* prefirió aislarse en su estudio delante del ordenador viendo series. Por lo demás, rara vez daba su brazo a torcer y cualquier decisión tenía que pasar RA-CIO-NAL-MEN-TE por SUS filtros, tanta discusión hizo que me rindiera. Para consensuar la compra de materiales en la restauración de la casa, podíamos estar semanas y meses parados porque si no cedía yo, *Él* alargaba su decisión para que yo acabara cediendo. Ese ha sido su modus operandi:

—Este material me gusta para el suelo de la casa. Decía *Él*.

—Sí, pero es muy difícil de limpiar, es más apto para una terraza.

—Bueno, pero a mí me gusta esta textura uniforme y no es caro.

—Las texturas uniformes hacen que se vea más la suciedad y tienes que estar barriendo y fregando todo el tiempo. ¿Qué no lo ves?

¿Cómo lo iba a ver si *Él* nunca barría? En el campo la que limpiaba el suelo era yo. Y la casa de campo era muy grande. Me pasaba las mañanas barriendo y fregando. Y las vecinas me decían: para de barrer que en lugar de venir a descansar vienes a limpiar, anda baja. Llegábamos los viernes para pasar el fin de semana y los domingos me sentía igual o más cansada en el momento de cerrar la casa.

Y sobre todo, NO QUIERO como compañero, marido, pareja, educador y padre de mis hijos a alguien que me quite autoridad cuando en familia, en la mesa hablo y comento con mis hijos, que ciertas actitudes no deben volver a producirse o que hay temas que son preferibles no hablar delante de ellos. *Él* aprovechaba estos momentos en la mesa para posicionarse a favor de mis hijos. ¡Qué gran equivocación!

Los antebrazos

Arrástrame al viento. En el manillar tus blancos antebrazos, sintiendo la velocidad. Me abrazo a tu cintura y dejo que la imagen de tus labios gruesos me venga a la mente, el escaso vello de tu pecho, ni más ni menos que el justo; como a mí me gusta. En las curvas acompaño mi cuerpo al tuyo con el movimiento, para hacerlo más aerodinámico. No importa el destino, no importa el pueblo, ni el restaurante, ni la montaña, ni la cala, ni el horizonte. Sé que al bajar de la moto te quitarás el casco, me cogerás por la cintura, me llevarás a ti y buscarás mi boca para fundirla con un beso. Vamos a Alcanar a comer ostras y un arroz marinero. Vamos a la Cordillera Cantábrica a recorrerla con la tienda de campaña en moto. Vamos a Cadaqués esta tarde. Vamos a Montenegro y Macedonia la próxima semana. Vamos a Jávea. Vamos.

Los cascos y el equipo de cuero sobre nuestra piel, también los guantes de piel negra. De reojo miraba el vello rubio de sus antebrazos. ¡Qué sexi!, ¡Qué emocionante! La visión de sus antebrazos apenas asomándose por la chaqueta y los guantes…

Al tercer día de salir juntos ya entreví que

ibas a ser el gran amor de mi vida, ¿para qué negar-lo? No voy a volver a hacer por ninguna pareja lo que he llegado a hacer por ti. Tu timidez y reserva me sorprendieron ante una cabeza bien amueblada. O eso creía yo. Era yo muy joven y ahora comprendo mejor lo que sucedió. Comprendo que ser inteligente no es sinónimo de ser racional o pragmático. Pero yo por aquel entonces entendía que un discurso argumentativo y racional era equivalente a ser inteligente. Me equivoqué: la inteligencia tiene un registro más amplio. Supongo que me dejé engatusar por el choque de culturas: una más inclinada al discurso pasional y la otra con un discurso pragmático.

No transcurrió mucho tiempo hasta observar que las conversaciones tendían a ser discusiones y acabar en broncas porque siempre querías tener la última palabra y siempre querías tener razón. Y entendí que tu necesidad de tener la razón ha sido la causa de tu sufrimiento. Porque en este empeño has sacrificado lo que más has querido. Las broncas podían ser monumentales, aunque amigos, familia e hijos estuvieran presentes. Y yo, he de decir, no me achicaba con tus salidas fuera de tono. En las primeras Navidades que pasaste en mi casa en Valencia, te compré un regalo para Nochebuena, un regalo desafortunado. Y delante de mi madre me dijiste: ¡Cómo puedes hacerme un regalo de tan mal gusto! Estabas contrariado, molesto porque no acerté en la elección del regalo. A los dos días devolví el regalo y viniste conmigo a elegir otro.

El amor no lo es todo. Hace falta alimentarlo, ser agradecido y saber pedir perdón. Tú nunca fuiste agradecido y yo no supe pedirte perdón cuando tú querías. Tú querías que te pidiera perdón, pero yo no sabía en la mayoría de las veces de qué tenía yo que pedirte perdón. Tu ira siempre ha estado latente. Encuentro que muchos hombres, independiente de la cultura a la que pertenezcan, poseen una ira innata. Tu voz, a un volumen más alto de lo que yo estoy acostumbrada a tolerar, me desquiciaba sobremanera. Y después de la bronca tú querías la calma que yo no te sabía dar porque no te la podía dar. No por rencor, sino porque necesitaba tiempo para restablecer la paz y poder volver a la vida cotidiana.

Con el paso de los años y después del nacimiento de nuestros tesoritos, cada vez necesitaba un periodo de tiempo más largo para restablecer la calma y volver a la vida real. Y esto me alejaba más de ti. No entendía este empeño tuyo por discutir absolutamente por todo y de todo. Siempre querías hacerme ver que lo mío era ridículo, o no tenía sentido o había interpretado mal. Pero yo, ni en mis peores momentos de decadencia, estuve loca, ni interpretaba mal los hechos; sencillamente entendí que lo mejor para seguir juntos era no hablar, para no discutir y así fue cómo enterramos nuestro amor. Fui una cobarde. Tendría que haber sido más discutidora e impedir que te salieras con la tuya tantas veces. Haberte marcado mejor los límites. Pero tus argumentaciones eran muy agotadoras para mí.

Luz de gas

"Eres una exagerada", "eso nunca va a pasar", "eres muy dramática", "siempre vas de víctima" ¡Cuántas veces he oído estas frases! Incluso en boca de mis hijos. Los hijos reproducen el discurso de los padres y ya no solo tenía que escucharlo en boca de *Él*, sino que lo anduve escuchando mucho tiempo después: te haces la víctima. ¡Qué mal lo hice! El no saber levantar cabeza. Me visualizaba como un gusano dentro de la manzana que va intentando extraer la cabeza. Pero ni así. El maltratador dirige estas palabras para negar la realidad y negar en todo momento sucesos que pasan, evidencias monumentales, como la pérdida de peso de mi caballito de mar y un diagnosticado trastorno alimentario que *Él* nunca quiso reconocer. ¿Por qué negó esta evidencia diagnosticada por endocrinólogos, psicólogos y psiquiatras? ¡Yo estaba dramatizando! Sí, si no hubiera puesto manos a la obra, no sé qué habría pasado... ¿Realmente exageraba? ¿Analizaba las cosas desde una perspectiva equivocada? ¿Y siempre estaba yo tan equivocada?

La conversación podía convertirse en una bronca fácilmente. Empezaba por mantener mi postura argumentando, y *Él* mantenía la suya con tanta vehemencia y agresividad que el siguiente paso sería una bofetada, como ocurrió en una ocasión. Y al final *Él* se empeñaba en justificar su obtusa postura hablando de cómo transcurría la bronca en lugar de centrarnos en el motivo de la misma. La causa de un contratiempo o un postulado diferente, lo acepto. También acepto que uno pueda ser vehemente en sus argumentaciones. ¿Pero por qué en el transcurso de la discusión enfocaba el tema en el proceso de la discusión en lugar del motivo por el que se inició? ¿Quería desacreditarme? Quería agotarme y cuando me veía desfallecer, continuaba la bronca centrándose en cómo se había producido ¡Qué desgaste mental! ¡Qué desgaste psicológico! Luego insistía, e insistía en que necesitaba aclarar y saber cómo había sucedido. Pero por entonces ya era demasiado tarde para mí, porque en mi interior solo había dos posibilidades: llorar o desaparecer. Con el tiempo y tras tantas discusiones modifiqué la primera por la segunda, hasta el punto en que me marchaba de casa a dar un paseo o cogía el coche y hacía muchos kilómetros no importara dónde.

Quiero morirme, esfumarme, desaparecer… ¿Qué será de mis niños? Tan tiernos… Cuánto dolor, cuántas lágrimas, me tengo que ir... tengo que desaparecer… Cogeré el coche y conduciré hasta lejos, hasta que no vea la curva por las lágrimas. Mis hijitos, amados míos. No entendéis nada. Sé que no entendéis por qué vuestra madre desaparece de repente. Ella no puede soportar más este silencio, esta falta de compasión. Después de unas horas oiré vuestras vocecitas por teléfono y regresaré a casa con los ojos hinchados y rojos.

Una vez llegué hasta la playa de Palamós, comí un arroz y volví. Sonaba el teléfono y oía las vocecitas llorosas de mis hijos pidiéndome que volviera. ¿Cómo se atrevía a utilizar su móvil para poner a nuestros hijos al habla? ¡Qué insensatez! Me quería poner en evidencia delante de ellos. Mis queridos hijitos. A pesar de las centenares de broncas bronquísimas, *Él*, en lugar de entender qué las causaba —que era, por otra parte, lo importante— se quedaba en cómo se habían iniciado, cómo había transcurrido y cómo se habían desenlazado. Cuando convives con una persona así, en tu cabeza se empieza a instalar una nube turbia, que enturbia tus pensamientos y contamina de gris tus actuaciones hasta que finalmente prefieres no iniciar ninguna discusión y se establece la duda. La escritora Mary Gordon (*The Rest of Life)*, en la primera página de su relato *Immaculate Man,* dice:

"Es muy fácil para mí pensar que los demás tienen razón, más razón que yo en cualquier caso, o que como mínimo ellos tienen más razón en las cosas, lo cual es el motivo por el que yo abandono las discusiones. Fácilmente, me dejo influir y además de eso no espero gran cosa. ¿Por qué continuaría con algo —cualquier cosa, una conversación, un debate— cuando parece claro que la otra persona desea enormemente ser el ganador? ¿Cuando significa tanto para los demás?".

Él cambiaba los detalles tontos y banales y tergiversaba los hechos de manera sibilina y delante de los demás me hacía quedar en ridículo como si quien estuviera cambiando los hechos fuera yo. Es una conducta que supongo reconocerán algunos de los que me estéis leyendo. Es un primer signo de manipulación. Y una como víctima piensa: "quizás me equivoco en mi percepción" y si no das tu brazo a torcer, la discusión se hace eterna y violenta. De modo que cuando a lo largo de la semana y de los meses y de los años se repite esta actuación, flaquea el concepto que tienes de ti misma sobre el análisis de los hechos.

El abusador está negando los hechos de manera rotunda. Cuanto más lo hace, la víctima más se cuestiona la realidad. Reconoce, por favor, que eres adicto al alcohol. No, no soy adicto, solo soy MUY tolerante al alcohol, como Richard Burton. ¡No te jode! ¡Qué cinismo! Tendría que haberlo etiquetado de alcohólico y no de adicto. No conozco ni un solo día en que no hubiera una botella de vino en la mesa. Venía de hacer una compra de Mercadona con más botellas de vino y güisqui que con alimentos proteínicos y luego en la mesa nos negaba a la familia las grasas, las proteínas y los carbohidratos para tener una dieta sana y así no engordar.

Según la *coach*, Mireia Cabero, al *gaslighter* le resulta cómodo mentir, negar, cuestionar, juzgar y generar malestar en la víctima:

"En primer lugar, el manipulador cuestiona la experiencia de la víctima. Después gana poder en ese cuestionamiento, y también con respecto al criterio que aquella tiene de lo que percibe. La tercera fase consiste en suscitar desconfianza e inseguridad en la víctima, y en anular el criterio que esta tiene de lo que percibe que está sucediendo. Como consecuencia, se hace más poderoso en la relación con ella [cuarta fase] y, por último, genera dependencia en dicha relación", explica. De este modo, el maltratador psicológico termina logrando que la víctima dependa de *Él* y pierda la capacidad de creer en sus propias opiniones.

En realidad, yo, aunque fuera una víctima, nunca dependí de *Él* en cuanto a su capacidad de convencerme de que yo siempre estaba equivocada. Yo sabía que no estaba equivocada. Ahora bien, sí que cedía con respecto a la toma de decisiones conjuntas porque *Él* no daba su brazo a torcer, por muy equivocado que estuviera. Me refiero a decisiones familiares o cotidianas.

Desapareció

El hombre de quien me enamoré era un hombre curioso y explorador, si bien algo tímido y reservado en lo público y con evidente falta de tacto en las habilidades sociales, aparte de su atractivo físico, su piel y la química eléctrica que existió entre ambos; sí, existió. Nuestras conversaciones eran intensas y muy gratificantes. Es evidente que esos nueve años de diferencia de edad (*Él* treinta y tres y yo veinticuatro) fueron una trampa maravillosa. *Él* iba por delante de mí y me dejé deslumbrar por un hombre culto, inglés, que tenía otra forma de pensar en comparación con los españoles. Y fue mi mejor amiga de juventud quien me dio su contacto, harta de oírle decir que teníamos muchos temas en común. "Habláis del teatro del absurdo y del existencialismo..., y los escritores que adoráis, ¡son los mismos!"

Es cierto que había una gran complicidad entre los dos en temas universales, especialmente en literatura. También compartíamos el concepto del mundo en el que existía la hospitalidad, así que su casa siempre estaba llena de personas que entraban y salían. Cuando vivíamos juntos hacíamos muchas fiestas y muchas cenas. Yo me considero una persona hospitalaria, lo heredé de mi madre.

En su mundo y en el mío había mucha vida, pero la convivencia era otra cosa. Me llegó a parecer divertido que a su edad siguiera durmiendo sobre un colchón en el suelo, mientras yo ya estaba pensando en comprarme un piso. Era evidente que también había en nuestra concepción de mundo algo hippy que olía a cutrillo, y eso me gustaba: esa vida alternativa, lejana a las convenciones y formalismos.

Aposté por la relación dejando todo lo que había forjado en Valencia: mi familia, mis relaciones comerciales con la editorial Oxford University Press y un pie en el mundo laboral de la universidad de Valencia. Sabía a qué me exponía y era consciente de mi posible fracaso ante esta opción, pero también es cierto que una no puede plantearse toda una vida, ¿qué hubiera pasado si hubiera tomado esa otra opción, la de marcharme? Era consciente de que en Barcelona tenía que empezar de cero en lo laboral y en lo sentimental. Aposté y ya está. Mi madre, una mujer maravillosamente práctica, me decía: hija, este dilema entre dejar Valencia e instalarte en Barcelona lo tienes que solucionar tú.

Como en la mayoría de los casos, la convivencia lo mata todo. Sé que me amó algún tiempo a su manera, una manera escondida, muy suya. Lo cierto es que a medida que fui cumpliendo años, yo misma, me veía desde una perspectiva externa, como una persona fascinante —y no quiero que se piense que soy vanidosa, pues de hecho, no lo soy—, mientras que mi pareja cada vez me parecía más anodina y menos interesante.

Ese hombre explorador fue desapareciendo al nacer nuestros hijos. Evidentemente, había mucho que explorar con nuestros hijos y yo dejé de ser un aliciente para *Él*. Pasé a ser una sombra en su vida. Y aunque en un principio donde no llegaba yo, llegaba *Él* y viceversa, cuando los niños dejaron de ser bebés, me daba cuenta de que el peso de la carga cedía mucho hacia mi costado. Hasta que me sentí abusada y le dije que, además de mi trabajo como funcionaria, iba a empezar a dar clases en la universidad. Esto le molestó tanto que me respondió: "Lo que tú ganas en un mes, yo lo consigo en un fin de semana trabajando en casa". Le contesté: "Entonces tendrás que encargarte más de nuestros hijos. Si tú tienes dos trabajos, yo también puedo tenerlos". Así empezó nuestra guerra.

Un día me sorprendió una respuesta suya al decirme: "esto es todo lo que hay. No hay más, Geli; no hay más". ¿Por qué me diría esto? Porque lo que había ya por aquel entonces era muy poco... ¿Habré sido yo excesivamente exigente? ¿Le habré pedido más de lo que *Él* era capaz de ofrecer? Tendía a decirme que era una mujer difícil de satisfacer y, sin embargo, yo me considero una persona que se alegra con poco.

En la segunda visita a Nottingham, en casa de sus padres, en Beeston, su madre me dijo: *you are easily contented,* eres fácil de contentar.

El poder de la comida

NO QUIERO a alguien que organice y estructure la vida familiar solo a través de los horarios de comida, de los momentos en la mesa. Momentos que cobraron relevancia a medida que *Él* ejercía su maltrato psicológico familiar con más virulencia hacia mí en presencia de mis hijos.

Mi buen amigo Stephen me pasó por WhatsApp un enlace de Danish Bashir, un video en YouTube: 5 *Ways a narcissist controls you through food*[1] (los cinco pasos en que un narcisista te controla a través de la comida) y me quedé anonadada. No me lo podía creer. El video describe exactamente lo que mi exmarido me había estado haciendo durante años con la comida, y no solo a mí, sino a la familia. A mí, desde luego de manera encarnizada. Este video lo he visionado unas diez veces y todavía sigo sin creérmelo.

No estoy afirmando que *Él* tuviera una personalidad narcisista (o quizá sí; no lo sé); pero el contenido del video es un fiel retrato del maltrato en este aspecto.

---

[1] https://www.youtube.com/watch?v=bESOHhaSWCI

El primer paso es que el maltratador camufla un interés genuino expresando constantemente su preocupación hacia la salud de la víctima. Mientras me estaba continuamente criticando las porciones de mi comida, cuándo debía comer y especialmente la cantidad que debía ingerir para perder peso. Se obsesionó con mi peso, con mi barriga. ¡Qué triste! Esta manipulación es muy sutil, o quizá no tanto porque los familiares que venían a casa comentaron en celebraciones especiales que se quedaban con un poco de hambre. ¿Por qué hacía esto? ¿Por qué esta necesidad de controlar la ingesta de quien estuviera en casa? A veces, después de recién comidos, uno de mis hijos y yo nos hacíamos dos huevos fritos y nos lo comíamos y esto lo contrariaba sobremanera.

El punto dos que indica Danish Bashir, es el de los modales en la mesa. Cierto es que un día me dijo que le daba asco mirarme comer porque veía cómo masticaba los pedazos de comida en mi boca. ¡Qué fuerte! También le molestaba los sonidos que hacía al comer. El maltratador siempre te increpará para mermar tu autoconfianza, dice Danish Bashir en el video. Me atacaba mi autoestima continuamente, bajo cualquier concepto. ¿Tanto le molestó que yo tuviera la tesis doctoral hecha y *Él* no? Después de mi defensa en la tesis doctoral, me fui, como es costumbre a comer con el tribunal y al llegar a casa, me dijo: "ahora eres más que yo; estás por encima de mí". ¡Pues vaya tontería! O quizá no fuera tanta tontería para *Él*. Lo cierto es que a partir de entonces, la convivencia en casa fue un martirio y muy especialmente en la mesa durante las comidas. Y todo esto lo hacía sin ningún pudor también en público, cuando teníamos comida familiar o delante de mis hijos para hacer de esta experiencia algo insoportable, como así me indica actualmente uno de nuestros hijos. El objetivo es controlar tu comportamiento, incluso en la mesa. Y hacer de la víctima más dependiente buscando una aprobación que nunca llega y por supuesto nunca llegaría por más esfuerzos que una hiciera por complacerlo. Aunque yo hacía tiempo que dejé de querer complacerlo, pues sabía lo que me estaba haciendo, pero no sabía cómo salir del atolladero.

El número tres es hacerte sentir culpable por tu comida favorita. Mis caprichos son las pipas, las patatas bravas, las palomitas de maíz. Dejó de acompañarme al cine porque le molestaba que las personas comieran palomitas y le molestaba el olor. Dejó de ir a teatro porque le molestaba que la gente cuchicheara momentos antes de empezar la función. Le molestaba todo. Le molestaba que comiera kikos y pipas a escondidas. Nunca tendría que haber comido a escondidas y, sin embargo, lo hacía para no enfrentarme a un comentario insolente. Cuando entraba en casa me decía: "toda la casa huele a kikos. ¿Has comido kikos?". Pues sí, pero en tu ausencia. Me prohibió pedir bravas toda la vida porque no soporta la mayonesa. Conclusión: lo que más pido cuando voy a un bar son las bravas y en mi casa nunca faltan pipas. Para hacerme sentir mal, me diría ¿sabes cuántas calorías te estás comiendo entre las patatas y la mayonesa? La cosa es que no soportaba verme feliz. Y lo cierto es que me encantan las bravas bien hechitas con la salsa de mayonesa y picante.

El punto cuatro tiene que ver con la crítica continua a tu cuerpo, el peso, la dieta. De manera que nunca tendría su aprobación. Pero ya hacía tiempo que me importaba una mierda su aprobación. Estaba cansada de estos comentarios sobre mi físico y yo pensaba "tú critícame que otros brazos me amarán con mucho gusto". Llegaba incluso a sugerirme en las escasas ocasiones que comíamos fuera de casa qué guarnición me iría bien con mi opción elegida. Estos ataques continuos hicieron de las celebraciones en torno a la mesa una desventura insoportable y una táctica muy sutil para aumentar mi angustia sin poder escaparme.

El último paso, el número cinco, según Danish Bashir, es el peor. Se trata de reñir en cuanto estuviéramos en la mesa. Cualquier excusa era válida para iniciar una disputa, un encontronazo totalmente inapropiado, de manera que estar sentada en la mesa se convirtió en la peor experiencia de mi vida y en la vida de mis hijos. Incluso su familia llegó a ser partícipe de esos lamentables episodios. Y en mi familia, mis padres y hermanos, no encontraron justificación alguna a que en fechas tan señaladas como las Navidades *Él* propiciara cualquier pretexto para montar uno de sus numeritos en los que la mitad de los comensales de la casa acabaran con un gran sinsabor, un gran disgusto e incluso lágrimas. ¿Por qué convertía una fiesta entrañable familiar en una ruina? ¿Qué pretendía? ¿Se quería hacer el gallito delante de todos? Resultaba tan patético que todos temblábamos ante esa posibilidad: "a ver si no se le tuerce el morro y podemos tener una cena en condiciones". Pero siempre pasaba algo que le hacía perder los estribos, no importaba el qué.

Que después del nacimiento de mis hijos tuve y mantuve mi barriga es real. Tanta antipatía le ocasionaba que me pidió un plan de choque que consistía en intentar que desapareciera —mi barriga ¡claro!— haciendo deporte y que si así no desaparecía, me proponía la posibilidad de acudir a la cirugía estética a hacerme una liposucción. La barriga no solo no ha desaparecido, sino que se ha hecho más prominente. Me encantan los arroces en toda su gama, los platos de cuchara, lentejas en todas sus variantes, incluso con chirlas, por no hablar de las cabezas de las gambas, ¡qué ricas! Me chiflan las empanadillas: las valencianas, la empanada gallega, el Cornish *pasty*. ¿Y el jamón de cebo? El de la sierra de Córdoba riquísimo, el de la provincia de Huelva. Y... Si empiezo con los quesos..., puedo asegurar que voy al frigo en cualquier momento y no hay un matahambre más sabroso. No soy tanto de dulces. Y en definitiva, los cuerpos de las personas se modifican con las décadas. También *Él* está más que arrugado.

Se hizo con el control de la cocina. Con el control de lo que se ingería en nuestro hogar. Nada de azúcar ni bebidas azucaradas, pocas grasas y los hidratos de carbono bajo control. Y así sucedió que el momento de sentarse a la mesa para comer o cenar se convirtió en un calvario insoportable para los cuatro, pero muy especialmente para dos de esos cuatro. Pues hace poco uno de mis hijos me comentó que recuerda con tristeza las comidas y cenas a solas o ante familiares y cómo siempre había bronca. La manera de acabar con la bronca fue dejando de hablar. De manera que solo hablaba *Él*.

Gris tirando a negro

A lo único que me acompañaste fue a las tortuosas sesiones de mediación. Iba contigo por la calle temblando entre el llanto y la rabia. Tenía terror. Después de la primera sesión realizada por una más que mediocre mediadora, que lo único que decía era: "vosotros conseguiréis llegar a un acuerdo porque sois personas razonables y pensantes. Estoy convencida". ¡Qué gilipollez! Uno es todo menos razonable cuando hay de por medio un divorcio traumático. En la primera sesión, cuando yo no sabía ni dónde sentarme, sacaste dos folios donde tenías mecanografiadas tus cláusulas de acuerdo. Yo iba al matadero. Ni papel, ni escrito, ni cláusulas. Yo no era capaz ni de pensar, mucho menos ordenar y priorizar ni acuerdos ni cláusulas ni nada que se le pareciera. Ingenua de mí, pensaba que en las sesiones de mediación se acordarían paso a paso el futuro de una vida partida cuyo nexo eran dos hijos. A la salida de esa primera sesión, te odié por primera vez. Te odié por tu frialdad, te odié porque tuviste la capacidad de sacar dos folios escritos con cláusulas. Te odié porque nada había sido hablado conmigo previamente. Y, sin embargo, tú eras capaz de hacer cosas que yo era incapaz de hacer. Odié tu aire flemático y altivo, y sabía que caminabas a mi lado de vuelta a casa sintiéndote vencedor.

En la segunda y tercera sesión, la mediadora decía en voz alta aquello de: estoy convencida de que vais a llegar a un acuerdo. Y yo, sin embargo, estaba segura de que no iba a ser así. Más empeño tenía ella en manifestar esas disparatadas palabras, más segura que el acuerdo de esta negociación era inviable.

Y sí, ganaste en todo. Ganaste en la negación de tu alcoholismo, en tu negación sobre tu impotencia, en tu negación sobre tu orgullo y sobre el rencor. En definitiva, culpabilizabas a los demás de tus demonios. Nunca aceptaste tu responsabilidad en tu conducta, tirabas balones fuera.

¿Y qué parte de culpa tenía yo? Tengo que hacer una introspección en esta historia para narrar mi parte de culpa. Porque yo sabía que mi vida con la pareja que elegí como padre de mis hijos, no iba a ser nada fácil. Y, sin embargo, después de muchos desalientos y traspiés, aposté por empezar de nuevo en la ciudad condal para iniciar una vida de compromiso y crear una familia. Yo sabía que no iba a ser fácil. ¡Claro que lo sabía! Pues desde un principio justificaba sus desmanes ante mis familiares y conocidos como una actitud fuera de tono, un desaire inoportuno. Siempre justificando su actitud.

Yo ya sabía dónde me metía. Me enamoré

de su coco. Pero este coco no era suficiente para alimentar la convivencia. No tuve agallas para plantar cara. No tuve agallas para apaciguar tu ira. No supe hacerlo. No supe cómo acallarla. Me culpabilizo por no haber dicho antes "NO", con mayúsculas. Por haberte dejado tanto espacio para someterme y someter a toda la familia. Mi familia no entiende cómo pude aguantar tanto tiempo una situación que muchas parejas no hubieran aguantado ni un año. Sin embargo, ya hacía cuatro que pedí separarme de ti y tú me contestaste que tendríamos que esperar a que los hijos se hicieran mayores. Los peores años de mi vida. La década de mis cincuenta podría desterrarla o saltarla de los decenios vividos y aquellos que me queden por vivir. De los cincuenta y dos a los cincuenta y ocho he vivido sin vivir de bar en bar cerca de casa para matar el tiempo entre gin-tonic y cubalibre. Me conocían en todos los bares de la contornada de casa. También tomé drogas y muchas pastillas. Mi decadencia era total y me daba vértigo y pena ver que mis hijos presenciaran esta caída mía y esa decadencia en la casa, donde hubo una felicidad efímera en los primeros años de crianza. Me daba miedo entrar en casa y verte en ella. Retrasaba al máximo mi llegada a casa para no vivenciar lo insoportable de la situación. Y sí, bebía y bebía cócteles para morirme un poquillo en ellos. Para poder encontrar una solución en el fondo del vaso. Me recorrí por aquel entonces un itinerario lastimoso de baruchos. Mis hijos me recriminan muchas ausencias de aquella época; pues que sepáis que fueron debidas a mi paso por los bares de alrededor de Paseo de San Juan.

Nunca he sido sumisa ni tampoco lo contrario, pero sí complaciente. A las mujeres se nos educa para ser complacientes, entra dentro de lo esperado. Espero que las mujeres de las próximas generaciones no tengan este dicho como una premisa si queremos y creemos en una convivencia caracterizada por la igualdad. Pero yo, además, soy complaciente. Disfruto haciendo feliz a las personas que me rodean. Igual que fue difícil complacer de pequeña a mi padre porque siempre requería mayor perfección, también fue difícil hacer feliz a mi pareja, pues le faltaba sabor al arroz, o nunca acertaba con la textura de la pasta, o podía haber hecho cualquier otra cosa mejor. Freud ya decía que buscamos en nuestras parejas, algo de nuestro padre, en el caso de las hijas y algo de la madre, en el caso de los hijos. A mí esta circunstancia me delata. Sin embargo, me pasé toda una vida esperando oír de labios de mi pareja un comentario de valoración positiva, pues sabiendo que había elegido como padre de mis hijos a una persona de cultura inglesa, con un discurso argumentativo racional, hombre de pocas alabanzas, ¿qué esperaba yo?

Un atisbo de luz

En la calle Aragón, cerca del passeig de Sant Joan, un día paseando, leí en un buzón *Associació de Dones Ca l'Aurèlia*. Me costó mucho tomar la decisión de ir. Me decía: reconozco la existencia de un gran problema del cual no puedo salir porque me siento incapaz del camino a tomar. No sé por dónde empezar. No tengo recursos y escasea mi creatividad para salir airosa. Quizá lo estoy dramatizando. Llamé al timbre, y al abrir la puerta, encontré un vestíbulo muy sencillo y unas pancartas e insignias de la asociación de color violeta. Una persona me hizo entrar en un salón todavía más humilde hasta que finalmente me atendió una mujer, según dijo, psicóloga y especialista en temas de maltrato. Yo me encontraba muy alterada sin saber cómo iniciar la narración, pero ella me lo puso fácil.

"¿Por qué estás aquí?"

"Porque, porque…, no sé cómo salir de la situación en la que me encuentro…, no tengo recursos, no encuentro la manera de dar sentido a mi vida. Mi familia es un desastre y temo por mis hijos."

"¿Cuándo fue la última vez que tuvisteis sexo?".

Joder qué pregunta más directa. ¿Qué se habrá creído? ¿Cómo se atreve a preguntarme una cosa tan íntima?

"Pues…, no me acuerdo porque hace más de diez años que dormimos en camas separadas, quizá ocho años".

"A eso se le llama maltrato. ¿Cuándo os besasteis por última vez?".

"Pues no sé. *Él* siempre me ignora y me dice que estoy poniéndome gorda. A eso se le llama maltrato. Lo que sí puedo decir y me molesta sobremanera es que, cuando estamos mis hijos y nosotros dos sentados en la mesa, mi marido delante de mí, ignora mi mirada aunque quien esté hablando sea yo. Un día me dijo en la mesa que le daba asco verme comer".

"Pues que sepas que eso es maltrato".

Me hizo poner los pies en el suelo y me comentó que yo corría peligro en el sentido más dramático de la palabra emocional.

"Estás en un gran peligro emocional y se ve por tu situación que vuestra convivencia está muy deteriorada y debes empezar a actuar para tomar las riendas de tu vida antes de que la situación merme más aun tu capacidad de decisión. Estás ante un maltratador que campa anchamente por tu espacio vital y te ha anulado".

Ingenua de mí, le pregunté: "¿tan mal me ve?".

Asistí una vez más y me comentaron que me darían asesoramiento jurídico si lo necesitaba. Al poco tiempo, con las poquitas fuerzas que tenía empecé a hablar con una abogada, quien finalmente me llevó toda la tramitación de la separación.

Fue entonces cuando empecé a ponerme manos a la obra: divorcio; venta del piso y búsqueda de otra vivienda en alquiler o compra; a continuación vino la pandemia de covid y todo se me hizo cuesta arriba. Mucho sufrimiento, mucha soledad, mucho encierro, mucha inseguridad y una angustia inefable.

También entonces hice una reflexión profunda para, a aguas pasadas, entender la conducta de la persona con la que había convivido. Resulta que después de mucha investigación, descubro que he convivido con un sujeto que tiene trastorno de personalidad pasivo-agresiva. Leo que las personas que tienen esta personalidad, tienen una hostilidad latente en forma de irritabilidad, mal humor y una vertiente crítica muy agudizada. También tienen un don especial para procrastinar, para huir de las responsabilidades. De ahí que el enchufe de la vivienda de passeig de Sant Joan permaneciera a la vista veintidós años, o que la casa siempre pareciera que estuviera en fase de reformas. Personas así no cuidan de los amigos, ni de la pareja y se olvidan incluso de información importante de sus hijos, como una operación. No cumplen con lo que prometen y casi siempre lo dejan todo a medias. Lo peor de todo este asunto, para mí, ha sido que son adictos a culpabilizar a los demás de cualquier cosa. Es algo que no soporto. Y por más que le hiciera comentarios sobre algunas de esas responsabilidades que desestimaba, su respuesta siempre en tono defensivo fue su abanderamiento, pues a estos sujetos no les agrada recibir ningún tipo de sugerencias. *Él* tenía resentimiento y mal humor crónico.

Sin embargo, un rasgo curioso de la conducta de los pasivo-agresivos, es su dependencia emocional. Por no estar solo es capaz de todo: te desprecio pero te necesito. En el fondo una persona plagada de inseguridades.

¿Y mi papel en este asunto?

Una de las personas que continúan siendo un pilar referencial en mi vida, y a quien veo como un mentor, leyó este manuscrito, tal y como yo se lo pedí para que me hiciera los comentarios oportunos a fin de conocer si valía la pena seguir en la elaboración de este escrito. Y después de unas semanas de silencio, me llamó para decirme, con la franqueza que le caracteriza, que este manuscrito no dejaba de ser otra narración más que habla del maltrato psicológico, y que narraciones de este tipo existen muchas en la literatura y, especialmente, en la literatura actual. Que tenía, en primer lugar, que encontrar el motivo por el cual había escrito este relato y con qué intención. Este relato lo he escrito para clarificar el deterioro de una relación de convivencia que abarca tres décadas, pero que está centrada en la de mis cincuenta. Hay algunos flashbacks.

He estado sin poder escribir gran cosa desde estos sinceros comentarios de mi amigo. He realizado cambios y he ahondado en mi papel en toda esta historia. Me he cuestionado cada mañana y no logro avanzar. ¿Cómo he permitido tanto malestar? ¿En haber dejado transcurrir tantos años de desasosiego? ¿En mi ingenuidad por prolongar el sufrimiento a cuenta de que podríamos convivir como compañeros fantasmagóricos de piso compartiendo en común nuestros hijos? O quizá se trate de la falta de amor hacia mí misma. ¿Qué respeto me he tenido para soportar tanta humillación?

Creo que no podía salir del embrollo porque vivía en un callejón sin salida. El alcohol y la medicación se instalaron en mí porque no sabía cómo eludir el llegar a casa y me pasaba infinidad de horas fuera de ella para no enfrentarme a *Él*. En esa vida a mi alrededor solo había nebulosa, desazón, angustia, incomprensión y una inmensa soledad.

Y yo ¿por qué toleraba todos estos "no quiero"? ¿Por qué no me enfrenté a *Él* e hice prevalecer el respeto hacia mi persona? ¿Fue la debilidad?, ¿fue la pereza? Quizás yo no me respetara a mí misma. No necesito muchas palmaditas en la espalda para animarme a vivir el día a día. Tampoco necesito que me digan "te quiero" muy a menudo, pues yo voy haciendo camino y creo en mí misma. Pero esa demostración tácita del "te quiero" fue tan escasa que no creo que fuera pronunciada por *Él* más de cuatro veces en treinta años. Siempre he creído que si alguien está con uno es por voluntad, por querencia, hasta que esta desaparece. Y, sin embargo, a pesar de mi insistencia en la separación, tuvo que hacerse su voluntad y no la mía, pues *Él* quería que nuestros hijos fueran algo mayores. Mi voluntad no tenía voz, no existía, siempre fue pisoteada. Y en ese sentido, creo que fallé de largo. Que yo quisiera sentirme escuchada y que se hiciera mi voluntad consistía en infinitas discusiones que me dejaban desquiciada, agotada y maltrecha. Como si en mi cerebro se rompieran las neuronas, las conexiones, los filamentos y se abriera un hueco de truenos.

Epílogo

Un día, sentada en la *chaise longue* de mi casa, me encontré con la sensación de felicidad. Me siento feliz, pensé. Así, un día cualquiera. No recuerdo en qué lectura del argentino Bucay, leí que la felicidad consistía en todo el camino que uno hace para llegar a ser feliz. O sea que es un proceso y no un producto. Me he pasado una gran parte de mi vida en cada casa que he habitado, rodeándome de bellos objetos con la intención de encontrar bienestar, y ahora resulta que la felicidad es la ilusión con que cada nuevo proyecto se lleva a cabo. No es un resultado, es un camino.

Llamé por teléfono a mi padre para comunicarle que creía que había encontrado la felicidad. Y la he encontrado en el momento en que desapareció paulatinamente el estrés que durante tanto tiempo ha sido la causa de mi ansiedad. La vida es una paradoja. El estrés y la ansiedad han sido parte de mí, una sombra que solo en ciertas circunstancias permitió el asomo de la satisfacción, pero en rara ocasión.

Hoy descubro que cuando he dejado de tener expectativas y aspiraciones en mi vida, aparece insolente la dicha del día a día; del presente. Ese paseo por la playa con mis pies tocando la espuma de la ola, ese sol que tuesta la piel de mi cara, ese libro que no quiero acabar alargando la lectura de sus últimas páginas, el encuentro dichoso de la videollamada a mi entrañable hermana, la inteligente conversación de mis hijos, la mirada cómplice de la perra que saco a pasear porque su dueña está muy enferma, el beso del hijo que acaba de entrar en casa, mi hermano que sé que está ahí con Vane, con una actitud graciosa que nos hace reír, mi padre que mejora, como el vino, con la edad; mis pocos y buenos amigos que continúan ayudándome a crecer, los ojos chispeantes de mis alumnos y; sobre todas las cosas, estar convencida de que mañana lucirá el sol y que despejará de mi vida cualquier incertidumbre.

Nota de la autora

Como el lector habrá comprobado, tanto *Sense retorn* como Sin darme cuenta, son dos piezas cuyos títulos comienzan por la preposición "sin", y este es el motivo por el cual decidí, junto con mis editoras, que el título del libro sea Sin. La existencia y el tiempo son temas recurrentes en mi escritura. En la primera obra, la existencia frente a la amistad; en la segunda, frente a la vida en pareja. Sin el amigo, sin el amor, sin... *Sin*.

Estas obras están pensadas para ser dramatizadas o ser leídas en voz alta.

En *Sense retorn*, hay un acompañamiento vital hacia los últimos días de existencia del amigo querido. Pero con un final esperanzador porque permanece vivo en el recuerdo. Se establece una reflexión sobre el duelo, la vida y la muerte.

La segunda pieza, *Sin darme cuenta*, trata del amor, del desamor y del maltrato psicológico familiar. Escribir *Sin darme cuenta* fue un proceso doloroso, de muchas preguntas, reflexión, también investigación y mucho sufrimiento. ¿Podríamos hablar de la escritura como terapia?

Quizá, pero a la autora le gustaría más pensar que *Sin* pretende compartir dos experiencias muy personales para que trasciendan en el imaginario colectivo.

Agradecimientos

Quiero expresar mi agradecimiento a quienes creyeron en mis relatos. Muchas de esas personas han sido alumnos del centro de adultos CFA El Clot. Con ellas he intercambiado y reflexionado muchos conceptos expuestos en el libro.

También quiero agradecer a mis editoras (edicions Forment), quienes siempre creyeron en este proyecto.

Y por último, a mi familia quienes han sido mi soporte y ánimo.

Índice

Este libro, octavo volumen de la colección de ensayo
kolecto eseo de Edicions FORMENT,
se imprimió el 31 de octubre de 2024
en Barcelona.

*[...], y ahora resulta
que la felicidad es la ilusión
con que cada nuevo proyecto se lleva a cabo.
No es un resultado,
es un camino.*